MANTIS RELIGIOSAS
PRAYING MANTISES

INSECTOS (Descubrimientos)
NSECTS DISCOVERY LIBRARY
Jason Cooper

Rourke Publishing LLC
Vero Beach, Florida 32964

PHOTO CREDITS: All photos © James H. Carmichael except p. 17, 21 © James P. Rowan

Title page: Esta mantis religiosa en Costa Rica se parece a una ramita.

Library of Congress Cataloging-in-Publication Data

Cooper, Jason, 1942- *9-13-07*
  [Praying mantises. Spanish/English Bilingual]
  Mantis religiosas / Jason Cooper.
     p. cm. -- (Insectos (descubrimientos))
  ISBN 1-59515-655-0 (hardcover)
  1. Praying mantis--Juvenile literature. I. Title.
QL505.9.M35C6618 2005
595.7'27--dc22
                              2005022792

Impreso en los Estados Unidos

CG/CG

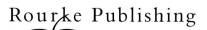

Rourke Publishing

www.rourkepublishing.com – sales@rourkepublishing.com
Post Office Box 3328, Vero Beach, FL 32964
1-800-394-7055

CONTENIDO/TABLE OF CONTENTS

Mantis Religiosas

La mantis religiosa es un **insecto** largo y delgado. Tiene seis patas largas. Cada pata está hecha de secciones.

La mantis puede juntar sus patas delanteras. Entonces parece que está orando o rezando.

The Praying Mantis

The praying mantis is a long, thin **insect**. It has six long legs. Each leg is made up of joints, or sections.

A mantis may hold its front legs together. Then it looks like it is praying.

Esta mantis, en una flor de la India, parece que está orando o rezando.

The Indian flower mantis seems to be praying.

Las mantises más grandes son más largas que tu dedo más largo. Las mantises viven en todo el mundo.

The biggest mantises are longer than your longest finger. Mantises live throughout the world.

¿supiste tú?

"Mántid" es el nombre que los científicos llaman a las mantises religiosas. Hay casi 2,000 clases de mántides.

Did You Know?

There are almost 2,000 kinds of praying mantises.

La mantis de orquídea vive en las junglas calurosas de Asia.

The orchid mantis lives in the warm jungles of Asia.

La Mantis en un Espejo

¿Qué vería una mantis en un espejo? ¡Sería posible que se asustaría ella misma! Vería dos ojos enormes en su cabeza de forma de corazón. Los ojos casi le cubren toda la cabeza.

Mantis in the Mirror

What would a mantis see in a mirror? It might frighten itself! It would see two huge eyes on a big heart-shaped head.

Esta mantis imita a una hoja, pareciendo tener puesta una capa verde.

The leaf mantis's big eyes almost cover its head.

La mantis vería dos antenas. Las antenas parecen pequeños látigos. Éstas ayudan a que la mantis pueda oler.

Casi todas las mantises también verían dos alas.

The mantis would see two **antennas**. Antennas look like little whips. They help a mantis smell.

Most mantises would also see two wings.

Las antenas de una mantis, salen de su cabeza, encima de sus ojos grandes.

A mantis's antennas rise above its big eyes.

Comida de la Mantis

La mantis come otros insectos y arañas. Éstas son **presa** de la mantis. Es posible que una mantis se coma a otra mantis.

Mantis Food

Mantises eat other insects and spiders. They are the mantis's **prey**. One mantis may eat another mantis.

A praying mantis grabs an assassin bug to eat.

Una mantis religiosa agarra a un insecto "asesino" para comérselo.

Una mantis tiene ganchos y **espinas** en sus patas delanteras. Éstas ayudan a sujetar la presa de la mantis. La mantis religiosa es un animal predador.

A mantis has little hooks and **spikes** along its front legs. They help a mantis hold its prey. You see, a praying mantis is also a preying mantis.

The spikes and hooks on a mantis's legs hold squiggly prey.

Las espinas y los ganchos en las patas de una mantis, sujetan la presa que se quiere escapar.

Siendo una Mantis

Mantises se parecen a las plantas en que se paran. Las mantises verdes se parecen a las hojas verdes o se ven como hojas muertas.
Algunas mantises parecen flores.

Being A Mantis

Mantises look like the plants they stand on. Green mantises look like green leaves. Other mantises look like dead leaves.
Some mantises look like flowers.

La mantis de liquen se parece a la corteza del árbol.

The lichen mantis matches the tree's bark.

La mantis de orquídea parece una flor.

The orchid mantis looks like a flower.

17

Las mantises cazan sentándose quietamente. Pero están velando. ¡Una mantis puede mover su cabeza casi en un círculo completo!

Una mantis espera que su presa le pase caminando o volando. Entonces la mantis es muy, muy rápida. ¡Puede agarrar a una mosca del aire!

Mantises hunt by sitting still. But they watch. A mantis can turn its head in almost a full circle!

A mantis waits for prey to fly or walk by. Then a mantis is very, very quick. It can grab a fly from the air!

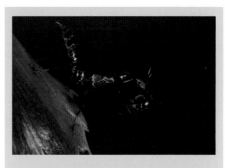

Una mantis espera su presa desde una flor roja.

A mantis watches for prey.

Esta pequeña mantis religiosa agarra una mosca.

This small praying mantis grabs a fly.

Mantises Religiosas Pequeñas

Una mamá mantis deposita alrededor de 100 a 400 huevos pequeños en una burbuja mojada. La gota se seca y se vuelve dura. Esto protege los huevos.

Mantises infantes nacen de los huevos. Se les llama **ninfas**.

Young Praying Mantises

A mother mantis lays 100 to 400 tiny eggs in a wet blob. Baby mantises hatch from the eggs. They are called **nymphs**.

A mantis nymph does not have wings.

Una ninfa de mantis no tiene alas.

La mantis fantasma de África y Asia es otra mantis que parece hoja muerta.

The ghost mantis looks like a dead leaf.

GLOSARIO/GLOSSARY

antenas (an TEH naz) — objetos parecidos a hilos que están en la cabeza de un insecto; ayudan al insecto para sentir lo que lo rodea y también para oler y escuchar

antennas (an TEN uhz) — thread-like organs on an insect's head; they act as "feelers" and help an insect smell, touch, and hear

insectos (in SEC toz) — pequeños animales sin huesos que tienen seis patas

insect (IN SEKT) — a small, boneless animal with six legs

ninfas (NIN faz) — una etapa juvenil en la vida de ciertos insectos, antes de que se convierten en adultos

nymphs (NIMFZ) — a young stage of life in certain insects, before they become adults

espinas (es PIH naz) — objetos delgados y alfilados, como clavos

spikes (SPYKZ) — thin, sharp objects, like nails

presa (PREH za) — cualquier animal cazado y comido por otro animal

prey (PRAY) — any animal caught and eaten by another animal

Las hojas muertas no han vuelto a la vida. Esta mantis religiosa de África tiene un saltamontes.

An African praying mantis with a grasshopper

INDEX

Lecturas adicionales/Further Reading

Brimner, Larry Dane. *Praying Mantises*. Scholastic, 1999

Frost, Helen. *Praying Mantises*. Capstone, 2001

Páginas en el internet/Websites to Visit

http://www.fcps.k12.va.us/StratfordLandingES/Ecology/mpages/convergent_ladybug
_beetle.htm

http://ohioline.osu.edu/hyg-fact/2000/2002.html

Acerca del Autor/About the Author

Jason Cooper ha escrito muchos libros infantiles para Rourke Publishing sobre una variedad de temas. Cooper viaja a menudo para recolectar información para sus libros.

Jason Cooper has written many children's books for Rourke Publishing about a variety of topics. Cooper travels widely to gather information for his books.